¡SIGUE AVANZANDO, HENRY!
Una inspiradora historia de perseverancia frente al racismo

All rights reserved. No part of this book may be used or reproduced, stored in a retrieval system, or transmitted in any form or by any means, electronic, mechanical, photocopying, recording, or otherwise, without permission from the author. Published in the United States by Power of the Pen, LLC.

ISBN 978-1-954781-04-7

©Text 2021 by Ayanna Murray
©Illustrations 2021 by Ayanna Murray
Illustrated by Estefanía Razo

Gracias Papá
¡por mostrarme cómo perseverar y cómo seguir avanzando siempre! ¡Este libro está dedicado a todos los bomberos que ayudan a mantener nuestras comunidades seguras!

-A.M.

Quiero agradecer a mis Padres por apoyarme siempre, sin ustedes mi vida no sería la misma, y gracias Ayanna por permitirme ser parte de este hermoso proyecto.

- Estefania Razo

¡SIGUE AVANZANDO, HENRY!
Basado en una historia verdadera de superación del racismo

Ayanna Murray

Ilustrado por Estefanía Razo

Estaba honrado de servir como uno de los primeros bomberos afroamericanos en mi ciudad.

Estaba entrenado para correr hacia los edificios en llamas, no para salir de ellos.

Mi trabajo era no tener miedo y rescatar personas del peligro.

Las bocinas y las sirenas sonaban y chillaban, haciéndole saber a la gente que la ayuda iba en camino.

Todos en el camión de bomberos tenían un trabajo. El Capitán daba las órdenes, y el chofer estaba a cargo del agua para la manguera.

El teniente me seguiría hasta el incendio y yo sería la primera persona en entrar en el edificio.

Los bomberos están entrenados para soportar estas condiciones peligrosas. Como operador de la manguera era mi trabajo ser el primero en entrar y el último en salir.

Muchos de los hombres pensaban que no se me debía permitir servir como bombero. Como actúan los bravucones, ellos esperaban que yo me rindiera y renunciara, si ellos eran lo suficientemente malos conmigo.

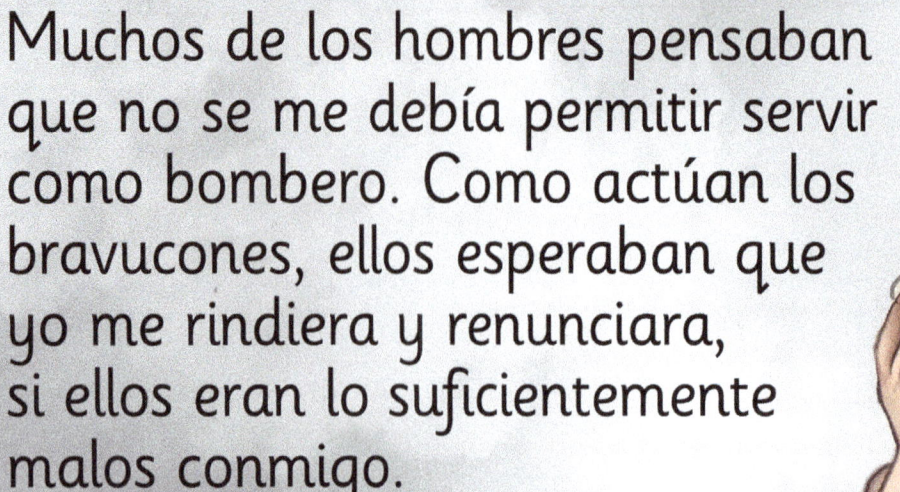

9-1-1 ¿Cómo puedo servirle?

¡Por favor vengan rápido! ¡Mi padre necesita su ayuda!

No se Preocupe, la ayuda va en camino.

Era difícil convivir con hombres que habían dejado claro que no me querían cerca de ellos, pero yo estaba dispuesto a soportar las terribles condiciones de trabajo, tal como los hombres, mujeres, y niños que marcharon por mi libertad.

Aunque tuve que enfrentarme a muchos incendios en la estación, huir era lo que menos pasaba por mi mente.

Pero mi sueño de servir como bombero terminó abruptamente. Todo el departamento fue despedido por falta de fondos.

Todos los días esperaba para volver a servir y finalmente los llamaron a todos para volver a trabajar.

A todos, menos a mí.

Me sentí desanimado.
Ellos, de verdad, me impedían seguir combatiendo incendios.

Fue entonces cuando sentí la fuerza y el coraje de mis ancestros corriendo por mis venas, diciendo:

Cuando llegué a la cima de la colina, miré mis manos. Mis manos eran especiales. Podían sostener más que una manguera. Podían sostener más que un sueño.

NOTA DEL AUTOR

Después del Movimiento por los Derechos Civiles de 1960, más familias afroamericanas intentaron integrarse en todos los ámbitos de la sociedad estadounidense. Antes del Movimiento por los Derechos Civiles, carteles como "Sólo para Blancos" se podían apreciar en las ventanas de las tiendas, que impedían a los negros entrar o ser contratados para ciertos trabajos. A principios de los años 70, muchas leyes habían cambiado, pero todavía había algunos corazones que no aceptaban a los negros americanos.

¡Sigue Avanzando, Henry! se basa libremente en la experiencia de vida de mi padre como bombero y despachador. En 1976, mi padre Henry Luvert y mi madre se mudaron de Chicago, Illinois, y se aventuraron a echar raíces en una ciudad mayoritariamente de blancos llamada Eugene, Oregón. Fue en Eugene donde mi padre se convirtió en uno de los primeros bomberos y despachadores afroamericanos de la ciudad.

Henry se encontró con una avalancha de actos racistas y de odio en la estación de bomberos, pero esto nunca le impidió ir a trabajar y perseguir sus sueños. Tras menos de un año de trabajo, toda su promoción de bomberos fue despedida. Sin embargo, al cabo de un año, todos, excepto mi padre, fueron llamados a trabajar de nuevo. Este acto de discriminación, aunque doloroso, no le impidió seguir adelante con su vida y su carrera. Abrió una tienda de informática llamada "Computer and Software Brokers," que luego pasó a llamarse "Graphic Innovators." Fue uno de los primeros negocios negros de informática al oeste del Mississippi. La tienda funcionó con éxito en el centro de Eugene por más de diez años. Décadas más tarde, el teniente de bomberos se disculpó con mi padre por el trato recibido.

LÍNEA DE TIEMPO DE DERECHOS CIVILES NACIONALES Y DE OREGÓN 1950-1990

1950— Muchos pueblos pequeños de Oregón, tenían leyes de "anochecer" que no estaban escritas en los libros oficiales pero que eran aplicadas por la policía y los ciudadanos. La ley decía que los negros debían estar fuera de la ciudad al anochecer o se enfrentarían a consecuencias físicas peligrosas y dañinas.

1953—La Ley de Derechos Civiles de Oregón fue firmada por el gobernador Paul L. Patterson, convirtiendo a Oregón en el vigésimo primer estado de la Unión en aprobar una legislación que prohibía la discriminación en los lugares públicos.

1954—El Tribunal Supremo declara inconstitucional la segregación en las escuelas públicas en el caso Brown contra el Consejo de Educación de Topeka, Kansas. Como resultado, se permitió que los niños blancos y negros asistieran juntos a la escuela.

1955—Rosa Parks se negó a ceder su asiento en un autobús urbano en Montgomery, Alabama, lo que dio lugar al Boicot de los Autobuses de Montgomery.

1957—Se aprueba la Ley de Vivienda Justa de Oregón, que hace ilegal la práctica de la discriminación contra los afroamericanos en la compra y el alquiler de viviendas.

1960—Se producen las Sentadas de Greensboro en Carolina del Norte y Ruby Bridges integra la Escuela Primaria Frantz en Nueva Orleans.

1961—Se realizan los Freedom Rides para protestar contra las terminales de autobuses segregadas.

1962—La NAACP acusó a Portland, Oregón, de tener escuelas racialmente segregadas.

1963—El Dr. King pronunció su discurso "Tengo un sueño" en la Marcha de Washington.

1964—La Ley de Derechos Civiles de 1964 prohibió la segregación racial en escuelas y lugares públicos.

1965—El presidente Johnson firmó la Ley de Derecho al Voto de 1965 para impedir el uso de pruebas de alfabetización como requisito para votar. En Portland, Oregón empezaron a transportar a los estudiantes afroamericanos en autobuses, para eliminar la segregación en las escuelas.

1967— El Tribunal Supremo dictaminó que los matrimonios interraciales serían legales en Estados Unidos.

1968— El Dr. Martin Luther King Jr. fue asesinado en Memphis, Tennessee, y cuatro días más tarde, el presidente Johnson firmó la Ley de Derechos Civiles para proporcionar viviendas iguales a todas las personas.

1970— La Ley de Derecho al Voto fue firmada el 18 de julio de 1970 por el presidente Richard Van Dyke. La ley prohibía y consideraba un delito grave que cualquier persona o institución negara intencionadamente el voto a cualquier ciudadano con derecho a ello a través de cualquier forma de coacción, resquicio legal u otra "prueba inconstitucional".

1971— En el caso Griggs contra Duke Power Company se determinó que no sólo está prohibida la discriminación racial intencional, sino también las políticas de contratación y empleo que mantenían los efectos de la discriminación pasada.

1972— La congresista neoyorquina Shirley Chisolm se convirtió en la primera mujer afroamericana en hacer campaña por la candidatura presidencial demócrata.

1974— Bill McCoy se convierte en el primer afroamericano en ser senador por Oregón.

1976— Henry Luvert y su familia se mudaron del centro de Chicago al estado de Oregón.

1979— En el caso United Steelworkers of America contra Weber, el Tribunal Supremo dictaminó que el sector privado podía aplicar programas voluntarios de preferencia racial en la contratación, pero muchos conservadores blancos lo consideraron una discriminación inversa.

1980— Oregón se convierte en uno de los mayores puntos de reclutamiento y destino de los skinheads (cabezas rapadas) supremacistas blancos y neonazis.

1981—Henry Luvert fue contratado como uno de los primeros bomberos afroamericanos y despachador del departamento de bomberos de Eugene, Oregón. Además, dos policías admitieron haber cometido acoso racial al colocar cuatro zarigüeyas muertas frente al Burger Barn, un popular negocio de propietarios negros en Portland, Oregón.

1982—Henry Luvert fue despedido del departamento de bomberos de Eugene, Oregón, debido a los recortes de fondos. Todos los demás bomberos que fueron despedidos junto a él fueron contratados de nuevo, pero a Henry nunca se le ofreció la oportunidad de volver como bombero.

1985—En Oregón, Lloyd Stevenson, un hombre negro, fue asesinado por un policía que lo estranguló. Ninguno de los dos agentes implicados fue sancionado. El día del funeral de Stevenson, dos policías vendieron camisetas a sus compañeros con el lema "Don't Choke 'Em, Smoke 'Em." (No los asfixien, Fúmenlos)

1988—El presidente Reagan recortó el financiamiento de la Comisión de Igualdad de Oportunidades en el Empleo y de la División de Derechos Civiles del Departamento de Justicia. Esto hizo que la mayoría de los casos de segregación en las escuelas o en las viviendas del Departamento de Justicia quedaran sin investigar. En Portland, Oregón, un estudiante etíope de 28 años y padre de familia, Mulugeta Seraw, fue golpeado hasta la muerte por tres skinheads racistas.

1990—Los grupos de supremacía blanca, como los skinheads y White Aryan Resistance, estaban creciendo y prosperando en Oregón.

RECURSOS EDUCATIVOS

Para aprender sobre el Movimiento por los Derechos Civiles en Oregón
https://mnch.uoregon.edu/index.php/learn/oregons-civil-rights-movement

La Sociedad Histórica de Oregón: Una Carrera para Cambiar los Años de los Derechos Civiles en Oregón
https://www.ohs.org/museum/exhibits/racing-to-change-oregons-civil-rights-years.cfm

Video de PBS sobre la historia del racismo en Oregón
https://watch.opb.org/video/opb-specials-local-color/

La Enciclopedia de Oregón: Los negros en Oregón
https://www.oregonencyclopedia.org/articles/blacks_in_oregon/

Museo del Bombero Afroamericano
www.aaffmuseum.org

OBRAS CONSULTADAS

"Oregon Civil Rights Bill," https://www.oregonhistoryproject.org/articles/historical-records/signing-oregon39s-civil-rights-bill-1953/

"1844-1974: A timeline of Oregon discrimination," https://bit.ly/3a2CLkb

"Affirmative Action," https://u-s-history.com/pages/h1970.html

"The Reagan Era: Turning Back Racial Equality Gains," https://bit.ly/36ZKFsv

Rector, E. (2010), Looking Back In Order to Move Forward An Often Untold History Affecting Oregon's Past, Present and Future Timeline of Oregon and U.S. Racial, Immigration and Education History [PDF file] https://www.portlandoregon.gov/civic/article/516558

Ayanna Murray

Tiene una Licenciatura en Educación de la Universidad de Oregón. Su primer libro publicado fue Bear Learns to Share, coescrito e ilustrado por sus hijas adolescentes, Anaya y Jayda Murray. Educadora a domicilio por más de una década, nació y creció en Eugene, Oregón, donde desde pequeña vió y observó cómo sus padres luchaban para superar la discriminación racial. Actualmente está casada con su novio de la universidad, es madre de cuatro hijos, y vive en Memphis, Tennessee.

Puedes visitar a Ayanna Murray en www.ayannamurray.com o seguirla en Facebook @BooksByAyannaMurray

Estefanía Razo

Tiene una licenciatura en Diseño para la Comunicación Gráfica de la Universidad de Guadalajara. A Estefanía le apasiona la ilustración, animación y arte en general. Durante su tiempo libre, le gusta disfrutar de leer libros infantiles con sus sobrinas y ver películas en compañía de sus dos gatos.

Puedes ver más de Estefanía Razo en www.behance.net/argmis o seguirla en Instagram como @agmisrzo y dribbble como @Agmis

TAMBIÉN DISPONIBLE

Keep Moving Forward, Henry! Coloring & Activity Book
ISBN 978-1-954781-01-6

Keep Moving Forward, Henry! (English Version) Paperback
ISBN 978-1-954781-00-9

Keep Moving Forward, Henry! E-Book (English)
ISBN 978-1-954781-02-3

¡Sigue Avanzando, Henry! E-Book (Spanish)
ISBN 978-1-954781-06-1

Más información sobre el autor en Facebook@ BooksByAyannaMurray

www.ingramcontent.com/pod-product-compliance
Lightning Source LLC
Chambersburg PA
CBHW061106070526
44579CB00011B/150